BEI GRIN MACHT SICH IHR
WISSEN BEZAHLT

Philip J. Dingeldey

Die Lobby, die George W. Bushs Präsidentschaftswahl-
kämpfe finanzierte, bestimmte dessen Politik!?

GRIN Verlag

Bibliografische Information der Deutschen Nationalbibliothek:

Die Deutsche Bibliothek verzeichnet diese Publikation in der Deutschen National-
bibliografie; detaillierte bibliografische Daten sind im Internet über http://dnb.d-
nb.de/ abrufbar.

Impressum:

Copyright © 2012 GRIN Verlag GmbH
Druck und Bindung: Books on Demand GmbH, Norderstedt Germany
ISBN: 978-3-656-29433-7

Dieses Buch bei GRIN:

http://www.grin.com/de/e-book/202786/die-lobby-die-george-w-bushs-praesident-
schaftswahlkaempfe-finanzierte

Friedrich-Alexander-Universität Erlangen-Nürnberg

Übung: Historische Perspektive - Wahlen und Parteien der USA

Sommersemester 2012

Die Lobby, die George W. Bushs Präsidentschafts-
wahlkämpfe finanzierte, bestimmte dessen Politik!?

Vorgelegt von: Philip Dingeldey

Studienfächer und Semesterzahl: Geschichte und Politikwissenschaft (jeweils viertes Semes-

ter)

1.) Der Wahlkampf der Interessensgruppen

Der Präsidentschaftswahlkampf der USA von 2000 kostete über 300 Mio. US-Dollar ($) und ging knapp und fragwürdig für George W. Bush aus. Der von 2004 kostete sogar über 500 Mio. $ und ging erneut für Bush aus. Damit war die Präsidentschaftswahl von 2004 bis dahin die teuerste seit der Einführung des *Federal Election Campaign Act* (FECA) von 1974.[1] Diese enormen Wahlkampfspenden wurden großen Teils von sog. *Political Action Commitees* (PACs) aufgebracht. Dabei handelt es sich um eine Lobbymethode von wirtschaftlichen Interessensgruppen, die entweder einem Kandidaten oder dessen Wahlwerbung finanzieren. Seit dem FECA, der die Rolle von Unternehmen in Wahlkämpfen klärte, stieg die Zahl der PACs bis 2006 von ca. 600 auf ca. 1600 an. Durch diese steigende Bedeutung von PACs, haben sie die Rolle der Parteien bei Wahlen geschwächt. Ziel dabei ist es, die Kandidaten zu beeinflussen und zu verpflichten.[2]

Konnte man daher nun von Neokorporatismus und Postdemokratie reden[3]? So ist die hier zu belegende, aber auch teils zu relativierende These folgende: Durch seine hohen Wahlkampfkosten war Bush verpflichtet, im Interesse der Lobbygruppen, die seinen Wahlkampf finanzierten, zu agieren, unabhängig vom Volks- oder Kongresswillen! Dies kann man besonders gut anhand der wenigen von Bush eingelegten Vetos untersuchen. Handelte er beim Einlegen der wenigen, aber sehr umstrittenen Vetos – die er evtl. als Ultima Ratio sah – im Interesse der Lobby, des Volkes oder seiner Überzeugung? Bevor dies beleuchtet wird, werden jedoch die Wahlkampffinanzierungen von 2000 und 2004 untersucht. Im Fazit wird die These modifiziert und beurteilt.

---

[1] Vgl. Corrado, Anthony: Financing the 2000 Presidential General Election, in: Magleby, David B. (Hg.): Financing the 2000 Election, Washington D.C. 2002, S. 79-105, hier: S. 79; Corrado, Anthony: Financing the 2004 Presidential General Election, in: Ders./Magleby, David B./Patterson, Kelly D. (Hgg.): Financing the 2004 Election, Washington D. C. 2006, S. 126-148, hier: S. 126 f, 142.

[2] Vgl. Lösche, Peter: Verbände, Gewerkschaften und das System der Arbeitsbeziehungen, in: Ders. (Hg.): Länderbericht USA. Geschichte – Politik – Wirtschaft – Gesellschaft – Kultur, Bonn ⁵2008, S. 274-314, hier: S. 277-298; Oldopp, Birgit: Das politische System der USA. Eine Einführung, Wiesbaden 2005, S. 154-157.

[3] Vgl. Crouch, Colin: Postdemokratie, Frankfurt a. M. 2008, übersetzt von Gramm, Nikolaus, S. 10: Postdemokratie ist ein „Gemeinwesen, in dem zwar nach wie vor Wahlen abgehalten werden, […] die sogar dazu führen, daß Regierungen ihren Abschied nehmen müssen, in dem allerdings konkurrierende Teams professioneller PR-Experten die öffentliche Debatte während der Wahlkämpfe so stark kontrollieren, daß sie zu einem reinem Spektakel verkommt […]. Die Mehrheit der Bürger spielt dabei eine […] apathische Rolle. Im Schatten dieser politischen Inszenierung wird die reale Politik hinter verschlossenen Türen gemacht: von gewählten Eliten, die vor allem die Interessen der Wirtschaft vertreten."

2. Die Finanzierung der Präsidentschaftswahlen von George W. Bush

2.1 Die Finanzierung der Präsidentschaftswahl von 2000

Eigentlich sollte der FECA Korruption verhindern, indem er den Kandidaten verbat, von Individuen Spenden über 1000 $ und von PACs über 5000 $ anzunehmen. Über das *soft money* umging man dies, indem man Geld an eine Partei für politische Werbung spendete, oder über *non federal funds*, wonach Unternehmer Parteien beliebige Beträge spenden können.[4] Bush nahm - laut der *Federal Election Commission* (FEC) - in der Hauptwahl vom *Public Funding* 67,6 Mio. $, von den *General Election Legal and Accounting Compliance* (GELAC) *Funds* 7,5 Mio. $ und von den *Recount Funds* 7,5 Mio. $ an. Die Republikaner spendeten Bush 13,7 Mio. $. Bush gab 39,2 Mio. $ für Fernsehwerbung aus, das *Republican National Committee* (RNC) 44,7 Mio. $. So gingen mehr Gelder an das RNC als an Bush selbst. Die Einnahmen durch PACs stiegen im Vergleich zur vorherigen Präsidentschaftswahl um 19 %, wobei Bush nur 2 Mio. $ von PACs erhielt und die Republikaner 28,9 Mio. $. Bush und die Republikaner wurden vor allem vom *National Rifle Association* (NRA) *Political Victory Fund*, dem *National Right to Life PAC,* religiös-konservativen Gruppen und Stephen Adams unterstützt.[5] Das Umgehen des FECA durch viele finanzierenden Lobbyisten, das auch von der FEC akzeptiert wurde, um die hohen Wahlkampfkosten decken zu können, legte eine das Gesetz umschiffende fragwürdige Beeinflussung Bushs durch die Lobbyisten nahe.

2.2) Die Finanzierung der Präsidentschaftswahl von 2004

2002 wurde durch den *Bipartisan Campaign Reform Act* (BCRA) die Finanzierung von Wahlkämpfen mit *soft money* verboten. Dennoch gaben Parteien, Komitees und Kandidaten 2004 Rekordsummen aus, die sie über das normale *hard money* erhielten.[6] Cigler beschrieb dies so:

> „Under the new law, corporations and unions may form PAC and engage in hard money expenditures regulated by the FEC, but they are forbidden from using unregulated money from their corporate accounts or labor union treasuries to either directly or indirectly fi-

---

[4] Vgl. Hasen, Richard L.: Navigating the Maze of Election Law Changes, in: Felchner, Morgan E. (Hg.): Voting in America, Bd. 1: How America Votes: Law; Process, and Voter Participation, Westport/London 2008, S. 142-150, hier: S. 143-147.

[5] Vgl. Corrado: Financing the 2000 Presidential General Election, S. 85-96; Cigler, Allan J.: Interest Groups and Financing the 2000 Elections, in: Magleby (Hg.): Financing the 2000 Election, S. 163-187, hier: S. 168-173; Bush, George W.: Decision Points, New York 2010, S. 74: Bush selbst nannte rückblickend den Wahlkampf einen finanziellen Kollaps; eine Beeinflussung durch seine Financiers gestand er aber nicht ein.

[6] Vgl. Kolodny, Robin/Dwyre, Diana: A New Rule Book: Party Money after BCRA, in: Magleby/Corrado/Patterson (Hgg.): Financing the 2004 Election, S. 183-207, hier: S. 183.

nance electioneering communications. Nonprofit corporations and incorporated political committees defined by section 527 of the Internal Revenue Code are covered as well."[7]

So erhielt Bush in der Hauptwahl 2004 – laut dem FEC – selbst 86,8 Mio. $, über die Republikaner 80,1 Mio. $ und über Interessensgruppen sowie Komitees 45,7 Mio. $ und hatte so insgesamt 212,6 Mio. $ zur Verfügung. De facto änderte sich wenig an der Finanzierung durch das BCRA, die große finanzielle Abhängigkeit der Kandidaten blieb bestehen.[8] Die Republikaner wurden bei dieser Wahl vor allem unterstützt von: Philip Morris, American Financial Group Inc., Alticor Inc., Pfizer Inc., AT&T Corporation, Freddie Mac, Verizon Communications Corporation, Microsoft Corporation, BP PLC R.J. Reynolds Tobacco Holdings Inc., NRA. Bush wurde unterstützt von: Enron Corporation, Merrill Lynch & Company Inc., Vinson & Elkins LLP, Bass Brothers Enterprises Inc., Crédit Suisse First Boston, MBNA Corporation, International Bank of Commerce/Sanchez Companies, Goldman Sachs Group, Haynes and Boone LLP, Sterling Chemicals Inc.[9] So handelte es sich dabei meist um Patrone aus dem Großkapital.

3.) George W. Bushs Vetos als Instrument der finanzierenden Interessengruppen?!

3.1) George W. Bushs Vetos

Bis 2007 hatten die Republikaner die Kongressmehrheit und unterstützten somit auch Bushs präsidentielle Politik. So verwundert es nicht, dass George W. Bush bis zum Jahr 2006 nur ein Veto einlegte und damit im historischen Vergleich der Präsident mit den wenigsten Vetos der letzten 200 Jahre war. Es handelte sich mit nur zwölf Vetos in seiner Amtszeit (2001-2008) um die wenigsten eines modernen US-Präsidenten.[10] Bush legte Vetos ein gegen folgende *Bills*:

1.) Den *Stem Cell Research Enhancement Act of 2005* (Veto vom 19.07.2006).

2.) Dem *U.S. Troop Readiness, Veterans' Care, Katrina Recovery, and Iraq Accountability Appropriations Act* (Veto vom 01.05.2007).

3.) Dem *Stem Cell Research Enhancement Act of 2007* (Veto vom 20.06.2007).

---

[7] Cigler: Interest Groups and Financing the 2004 Elections, in: Magleby/Corrado/Patterson (Hgg.): Financing the 2004 Election, S. 208-240, hier: S. 212: Die 527 unabhängigen Gruppen wurden hierbei nicht beachtet und das Limit für Beiträge von Individuen gehoben.

[8] Vgl. Corrado: Financing the 2004 Presidential General Election, S. 127-144.

[9] Vgl. Lewis, Charles/Center for Public Integrity: The Buying of the President 2004. Who´s really bankrolling Bush and his Democratic challengers – and what they expect in return, New York 2004, S. 118 f., 170 f.

[10] Vgl. Edwards, George C. III: Governing by Campaigning. The Politics of the Bush Presidency, New York et al. 2006, S. 175-184, 194; Gill, Kathy: Bills Vetoed by President Bush. 2001-2008, in: US Politics.About.com, URL: uspolitics.about.com/od/electionissues/tp/Bush-Vetoes.htm (Stand: 01.09.2012).

4.) Dem *Children's Health Insurance Program Reauthorization Act of 2007* (Veto vom 03.10.2007).

5.) Dem *Water Resources Development Act of 2007* (Veto vom 02.11.2007). Am 06.11. überstimmte das Repräsentantenhaus, am 08.11. der Senat dieses Veto.

6.) Dem *Departments of Labor, Health and Human Services, and Education, and Related Agencies Appropriations Act, 2008* (Veto vom 13.11.2007).

7.) Dem *Children's Health Insurance Program Reauthorization Act of 2007* (Veto vom 12.12.2007).

8.) Dem *National Defense Authorization Act for FY2008* (Veto vom 28.12.2007).

9.) Dem *Intelligence Authorization Act for Fiscal Year 2008* (Veto vom 08.03.2008).

10.) Dem *Food, Conservation, and Energy Act of 2008* (Veto vom 21.05.2008). Am 21.05. überstimmte das Repräsentantenhaus, am 22.05. der Senat dieses Veto.

11.) Dem *Food, Conservation, and Energy Act of 2008* (Veto vom 18.06.2008). Am 18.06. überstimmten Repräsentantenhaus und Senat dieses erneute Veto.

12.) Dem *Medicare Improvement for Patients and Providers Act of 2008* (Veto vom 15.07.2008). Am 15.07. überstimmten Repräsentantenhaus und Senat dieses Veto.[11]

Beim Veto gegen den *Stem Cell Research Enhancement Act of 2005* musste Bush gegen die Mehrheit der eigenen Partei stimmen, bei den vom Kongress überstimmten Vetos musste er auch gegen viele republikanische Abgeordnete stimmen, die für eine Zweidrittel-Mehrheit – um das Veto zu überstimmen – nötig waren. Dies legt nahe, dass er dies gegen den Kongress, im eigenen Interesse, dem der Wähler oder dem der den Wahlkampf finanzierenden Lobbyisten tat. These hier war ja, dass es sich um letzteres handelt, was nun belegt und leicht relativiert wird.

3.2) Die Vetos und das Interesse der Lobbyisten

Die Bush-Administration fokussierte folgende Themenfelder: Steuersenkungen, militärische Fortschritte, Erziehungsstandards, Unterstützung von religiös basierten Wohltätigkeitsorganisationen und Privatisierung von sozialer Sicherheit und Medizinreformen. Hier ließ sich schon teils eine Verbindung zur wahlkampffinanzierenden Waffen-, und Großkapitallobby

---

[11] Vgl. zu den Bush-Vetos: U.S. Senate: Vetoes by President George W. Bush, in: Senate-Online, URL: http://www.senate.gov/refernce/Legislation/Vetoes/BushGW.htm (Stand: 25.08.2012).

(besonders bezüglich der sozialen Sicherheit versuchen letztere oft Einfluss zu nehmen) erkennen.[12]

Hier werden aber die Vetos untersucht. Schon das erste, zum *Stem Cell Research Enhancement Act of 2005*, scheint aber die These zu widerlegen. In seiner Begründung schrieb Bush, dass er zwar den medizinischen Fortschritt forciert hätte, aber widersprechen musste, dass Stammzellenforschung an noch nicht zerstörten Embryonen betrieben werde[13]. In seinen Memoiren begründete er diese Entscheidung mit seiner christlichen Überzeugung. Zwar könnte man dahinter christlich-konservative Interessengruppen vermuten, aber Bushs politische Entscheidungen waren immer – auch als Gouverneur – christlich und der Wähler wusste das. Seine Entscheidung rührte ergo wohl tatsächlich von seiner eigenen religiösen Überzeugung her, die christlich-konservative Gruppen, die den Wahlkampf finanziert hatten, freilich unterstützen.[14]

Bei anderen Vetos, wo er auch gegen Republikaner stimmen musste, ist die Sache klarer. Z. B. bei seinem Veto gegen den *Water Resources Development Act of 2007*, wo der Kongress ihn überstimmte, begründete er es damit, dass er der Erschließung von Wasser zustimme, aber diese *Bill* keine finanzielle Disziplin vorzuweisen habe, da die Kosten für die über 900 Projekte ca. 38 Milliarden $ betragen hätten[15]. Er sprach an, dass es um Gelder, nicht um Inhalte ging. Betrachtet man etwa seine milliardenhohen Ausgaben für die Kriegsführung, erschien es logisch, dass er diese weiteren Milliardenbeträge zur Erhaltung von Leben, statt der Zerstörung durch Krieg, nicht bereitstellen lassen wollte – am Ende auf Kosten seiner finanzschweren Unterstützer als Steuerzahler. Man fand hier zwar keinen direkten Verweis zu seinen Financiers, die neuen Wasserressourcen an sich vielleicht nicht im Weg gestanden hätten; da sich aber diese Lobbygruppen durch seine Politik des Krieges, der Steuersenkung und Privati-

---

[12] Vgl. Edwards: Governing by Campaigning, S. 158; Smith, Mark A.: The Mobilization and influence of Business Interests, in: Maisel, L. Sandy/Berry, Jeffrey M. (Hgg.): The Oxford Handbook of American Political Parties and Interest Groups, New York 2012, S. 451-467, hier: S. 461 f.

[13] Vgl. Bush, George W.: Message from the President of the United States transmitting his Veto of H.R. 810, the Stem Cell Research Enhancement Act of 2005 (= 109th Congress, 2d Session, House Document 109-127), Washington 2006, S. 1; Ders.: Message from the President of the United States returning without my approval H. 5, The Stem Cell Research Enhancement Act of 2007 (= 110th Congress, Senate Document 110-7), Washington 2007, S. 1: Er würde nur die an bereits zerstörten Embryonen unterstützen, mit 90 Mio. $ (beim Veto von 2007 zur Stammzellenforschung aus denselben Gründen waren es 130 Mio. $).

[14] Vgl. Ders.: Decision Points, S. 111-124; Guth, James L.: George W. Bush and religious Politics, in: Schier, Steven E. (Hg.): High Risk and big Ambition. The Presidency of George W. Bush, Pittsburgh 2004, S. 117-141, hier: S. 120, 129, 132 f.: Ob die Entscheidung dennoch vernünftig war, ist natürlich noch einmal eine andere Frage.

[15] Vgl. Bush: Message from the President of the United States transmitting Notification of the Veto of H.R. 1495, the Water Resources Development Act of 2007 (= 110th Congress, 1st Session, House Document 110-71), Washington 2007.

sierung bereichern konnten, fehlten Gelder an anderer Stelle und Summen von 38 Mill. $ waren dann zu hoch.

Ähnlich stand es bei seinem Veto gegen den *Food, Conservation, and Energy Act of 2008:* Hier war sein Veto wieder vor allem finanzieller Art. Nach dieser *Bill* würden für Landwirtschaft über 20 Mill. $ mehr ausgegeben werden, als zum Zeitpunkt des Vetos. Bush schrieb hierzu:

> „At a time when net farm income is projected to increase by more than $ 28 billion in 1 year, the American taxpayer should not be forced to subsidize that group of farmers who have adjusted gross incomes of up to $ 1.5 million. When commodity prices are at record highs, it is irresponsible to increase government subsidy rates for 15 crops, subsidize additional crops, and provide payments that further distort markets. Instead of better targeting farm programs this bill eliminates the existing payment limit on marketing loan subsidies."[16]

In zehn Jahren würde diese *Bill,* so Bush, über 600 Mill. $ kosten. Auch würden 175 Mio. $ für Wasser für ausgetrocknete Seen und 250 Mio. $ für 400000 Morgen Land zur Anschaffung für Privatbesitzer ausgegeben werden. Während die Bush-Administration also etwa den Bilanzfälscher Enron Corporation unterstützte (dieser unterstützte Bush im Wahlkampf 2004 mit 597625 $), wollte der Präsident in höhere Nahrungspreise und Umweltschutz nicht investieren. Was offiziell den Steuerzahler entlasten sollte, wirkte aber paradox; es wäre vielleicht entlastender und sinnvoller gewesen, wenn man das Sozialsystem nicht weiter privatisiert oder einseitig fragwürdige Firmen unterstützt und stattdessen diese Bill zum Umweltschutz akzeptiert hätte. Aber auch die Farmer hatten für Bush keine höheren Gelder verdient – anders als etwa Banken und Ratingagenturen, die den Wahlkampf finanzierten. Wieder wollte er Geld für andere Dinge ausgeben. Entlastend wirkte hier aber zweierlei: 600 Mill. $ lassen sich generell schwer zur Verfügung stellen und die *Bill* hatte laut Bush dem Staat untersagt, global Geld für Essen zu spenden. Als er im Kongress überstimmt wurde, begründete er sein neues Veto, das auch überstimmt wurde, in derselben Weise erneut.[17]

Ähnlich agierte Bush bei seinem Veto gegen den *Medicare Improvements for Patients and Providers Act of 2008*: Diesen lehnte er aus drei Gründen ab: einmal hätte dies knapp 10 Mio. Bürgern die Möglichkeit auf einen privaten Gesundheitsplan genommen, die sich etwa Bushs *Medicare Advantage* (MA) Plan anschließen hätten können, was besonders Leuten mit niedrigem Lohn geholfen hätte, zum anderen hätte es das *Medicare prescription drug* Programm

---

[16] Ders.: Message from the President of the United States transmitting Notification of the Veto of H.R. 2419, the Food, Conservation, and Energy Act of 2008 (= 110th Congress, 2d Session, House Document 110-115), Washington 2008, S. 1.

[17] Ebd., Ders.: Message from the President of the United States transmitting Notification of the Veto of H.R. 6124 the Food, Conservation, and Energy Act of 2008 (= 110th Congress, 2d Session, House Document 110-125), Washington 2008.

unterlaufen (aber auch den *Medicare Modernization Act* (MMA) von 2003, den Bush so forciert hatte) und sei haushaltspolitisch erneut unvernünftig gewesen. Tatsächlich galt der MMA vielen liberaleren Kongressabgeordneten als zu privatisierend.[18] So ist das haushaltspolitische Argument im Kontext der sonstigen Geldpolitik der Bush-Administration weiterhin am Lobbyinteresse ausgerichtet. Zum anderen wirkten private Pläne zur Finanzierung medizinischer Versorgung nicht hilfreich für Geringverdiener. Er handelte also wieder privatisierend, was dem Wahlkampf finanzierenden Großkapital half, das so nicht als Steuerzahler mit hohem Einkommen für die medizinische Versorgung der Geringverdiener öffentlich zahlen musste, sondern das private System von MA und MMA sollten aufrechterhalten werden, das diese *Bill* umging.

4.) Fazit: Meist implizites Handeln Bushs im Interesse der den Wahlkampf finanzierenden Lobby bei den Vetos

Weitgehend konnte hier die These, dass George W. Bush seine Vetos im Interesse der seine Präsidentschaftswahlkämpfe von 2000 und 2004 finanzierenden Firmen, Personen und Interessensgruppen einlegte, die weitgehend Beteiligte aus dem Großkapital waren. Die meisten *Bills*, die gegen Steuersenkungen oder Privatisierungen agierten, im Zuge des Umweltschutzes oder der medizinischen Absicherung, die also seinen Unterstützern und Financiers höhere Kosten für das mutmaßliche Gemeinwohl der amerikanischen Bürger aufgebürdet hätten, lehnte er mit einem Veto ab, immer mit der Begründung, dass es finanziell unvernünftig gewesen sei. Hätte Bush aber nicht so sehr im Interesse seiner Lobbyisten gehandelt, also auch gegen Privatisierung, Steuersenkungen oder keine so horrenden Kriegskosten verursacht hätte, hätten sich einige dieser Bills finanzieren lassen – nur beim *Food, Conservation, and Energy Act of 2008,* wo seinen Berechnungen nach über 600 Mill. $ nötig gewesen wären, ließ sich das auch mit anderen Einsparungen schwer finanzieren. So handelte Bush bei den Vetos implizit im Lobbyinteresse, indem er den *Bills* widersprach, die seine Politik der Privatisierung und Steuersenkung hinderten, fortgeführt zu werden.

Leicht relativieren lässt sich die These mit den Vetos gegen den *Stem Cell Research Enhancement Act,* wo er wohl im Zuge seiner eigenen christlichen Überzeugung agierte. Auch ließ sich das Veto gegen den *Food, Conservation, and Energy Act of 2008* noch dadurch erklären,

---

[18] Vgl. Vgl. Ders.: Message from the President of the United States transmitting Notification of the Veto of H.R. 6331, the Medicare Improvements for Patients and Providers Act of 2008 (= 110th Congress, 2d Session, House Document 110-131), Washington 2008, S. 1; Oberlander, Jonathan: The Bush Administration and the Politics of Medicare Reform, in: Levin, Martin A./DiSalvo, Daniel/Shapiro Martin (Hgg.): Building Coalitions, making Policy. The Politics of the Clinton, Bush, and Obama Presidencies, Baltimore 2012, S. 150-180, hier; S. 160 f.

dass er den USA Essensspenden in ausländische Krisenregionen verboten hätte, was also nicht nur dem Wohl der Lobby diente. Weitgehend aber kann die These als plausibel und belegt gelten.

An diesem historischen Beispiel konnten also Tendenzen der jüngst-geschichtlichen US-Politik und ihren für den Durchschnittswähler problematischen, fast postdemokratischen Verflechtungen zwischen Wahlkampffinanzierungen und Interessenspolitik aufgezeigt werden. Reformen, wie der BCRA hatten sich 2004 nicht bewährt, die Reform hätte umfassender und beschränkender sein müssen. Generell könnten auch für nachfolgende Wahlen eine gesetzlich-verbindliche Beschränkung der Kosten und eine Wiederstärkung der politischen Parteien gegenüber den PACs etc. zu mehr Unabhängigkeit der Kandidaten helfen.[19]

---

[19] Vgl. Mann, Thomas E.: Lessons for Reformers, in: Magleby/Corrado/Patterson: Financing the 2004 Election, S. 241-260; Crouch: Postdemokratie, S. 133-147.